Couverture inférieure manquante

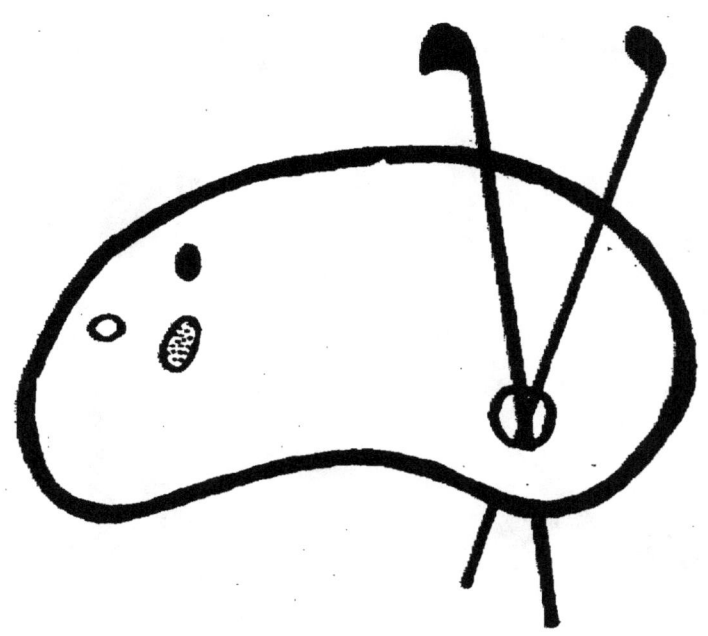

DEBUT D'UNE SERIE DE DOCUMENTS
EN COULEUR

NOTE
SUR
LES ÉTUDES DE M. BLADÉ,
CONCERNANT
L'ORIGINE DES BASQUES,

PAR

P.-A. BOUDARD,

Correspondant de l'Académie des Inscriptions et Belles-Lettres
de Toulouse.

BÉZIERS,
BÉNÉZECH, LIBRAIRE, PORTE NAPOLÉON.
—
1870.

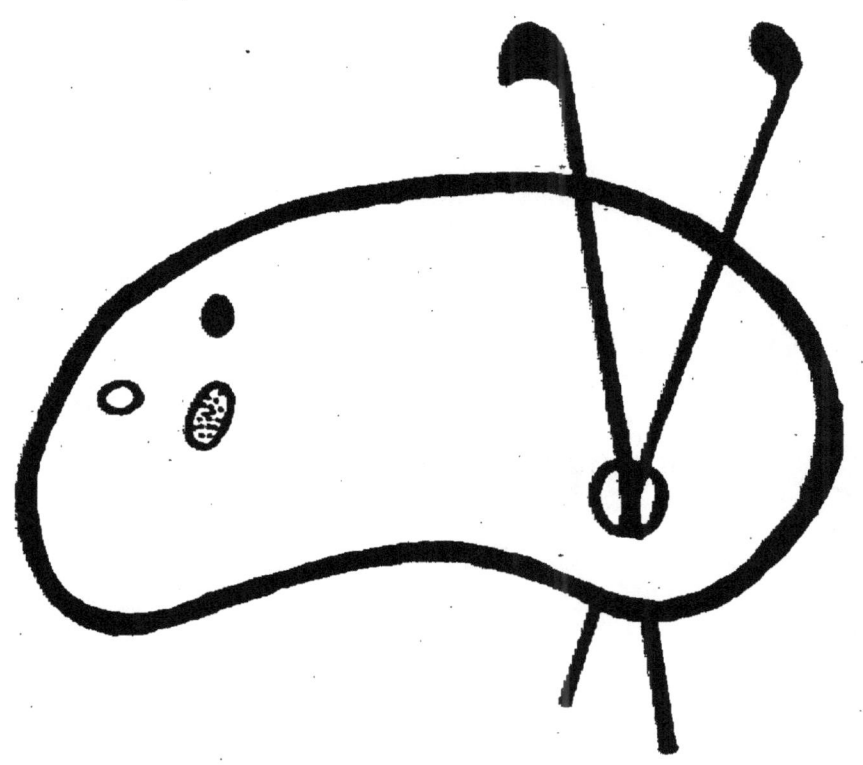

FIN D'UNE SERIE DE DOCUMENTS
EN COULEUR

NOTE

SUR L'OUVRAGE DE M. BLADÉ.

1870

NOTE

SUR L'OUVRAGE DE M. BLADÉ,

ÉTUDES

SUR L'ORIGINE DES BASQUES.

§ 1.

Voici un livre curieux à plus d'un titre. L'auteur admet : 1° que les anciens habitants de l'Hispanie étaient d'origine celtique, et que les Vascons, ceux qui parlent l'*Escuara*, n'ont jamais occupé, dans les temps anciens, que la partie des monts Pyrénées qu'ils habitent, sauf la petite région de leur voisinage en France qu'ils ont envahie dans le moyen-âge. L'auteur s'appuie, pour la démonstration de la première proposition, sur les textes des auteurs anciens.

Examinons d'abord ces textes. Comme l'auteur en a laissé quelques-uns dans l'ombre ou les a sous-entendus, on ne sait trop pourquoi, nous allons les mentionner en suivant l'ordre des temps. Je déclare d'avance que je ne m'occuperai que de l'Hispanie, réservant pour une autre note ce qui regarde la Gaule.

Hérodote dit que les Celtes habitent au-delà des colonnes d'Hercule, et qu'ils confinent aux Cynésiens, peuple le plus occidental de l'Europe. — *Ex Celtis qui populorum omnium extremi, versùs Occidentem habitant post Cynetas.* (Lib. IV, 49.) Et ailleurs il dit : *Phocœenses longinquis navigationibus primi Græcorum usi erant, et Adriaticum mare et Tyrrhenium et Iberiam et Tartessum Græcis ostenderunt.* (Lib. XVIII, 163.)

Hécatée de Milet, antérieur à Hérodote, dans son Voyage autour de la terre, dont il ne reste que des fragments, mentionne, parmi les villes et les peuplades de l'Hispanie : — *Calatha*, ville non loin des colonnes d'Hercule ; — *Eliburge*, ville de Tartesse (il faut lire *Eliturgis*); — *Ibulla*, ville de la Tartessie, là sont des mines d'or et d'argent; — *Mastianoi*, près des colonnes d'Hercule, ainsi appelée de la ville de Mastia, avec les villes de Syalis, Menobora, Sixus, Molybdana; — *Misgetes, Ethnos Iberôn* (race des Ibères); — *Krabasia polis Iberôn*, ville des Ibères ; — *Ilaraugitai, oi Iberoi* (lisez *Ibergetai*), Ibères, etc.; — *Eidetes, Ethnos Iberon* (race ibérique) : ce sont les mêmes que les Edétans. Ces noms et autres, tirés d'Hécatée, seront discutés dans une étude spéciale sur l'origine des anciens habitants de l'Hispanie. (Fragm. hist. grecs, tome 1er, édition Didot.)

4me siècle, Scylax. — *Europæ primi sunt Iberes, Iberiæ gens fluviusque Iberus... posteà, Emporium (urbem græcam) dicit, cui nomen Emporium.* (Gloss.)

Éphore. — *Celtica ex Ephori sententiâ, pleræque Iberia loca usque ad Gades comprehendit.* (In Strab., 165-38.)

Pythéas. — Il avait fait un voyage de navigation, en partant de Marseille, le long des côtes de l'Espagne, franchi le détroit de Gadès, et prolongé son excursion jusqu'à Thulé; il ne nous reste, en ce qui concerne l'Ibérie, que le nombre de jours qu'il mit à naviguer le long de ses côtes, et des fragments dans Avienus.

Avienus vivait l'an 400 de notre ère, il avait composé un poëme sur la géographie ancienne, tiré spécialement des ouvrages d'Hécatée de Milet, de Scylax de Caryande, d'Euctemon, de Philéas, etc., et même des Annales Carthaginoises. — *Hæc nos ab imis Punicorum Annalibus prolata longo tempore, edidimus tibi.* Je ne donnerai aujourd'hui de ses *Ora maritima*, que ce qui se rattache le plus à mon sujet. — 1° Les Ligures qui habitaient près du promontoire de Vénus, sont chassés par une troupe de Celtes : *namque Celtarum manu Ligures pulsi* (V. 133, 35); 2° Les Tempsi, les Cynètes, le fleuve Anas, les Iléates, Gadir, etc., et en partant des colonnes d'Hercule, les Libyphénices avec leurs villes; 3° Le fleuve Sicanus et la ville de Sicana, les îles Baléares; sur le littoral, les Bebryces, Tarraco et Barcino, les Indigètes, les Chérites, et les Acro Chérites, — *gens est Iberum*. (V. 552.)

Scymnus de Chio. — *Orbis descriptio*, v. 191 et suivants :
Inhabitant vic...a columnæ loca Celtarum qui hùc desinunt extremi... Ad Sardoum autem mare primi — habitant Libyphœnices è Carthagine colonia deducta; deinceps, ut ferunt, — Tartessii locum tenent; tùm Iberes sunt — contigui. Intùs his superjacent locis — Bebryces. Tùm infra maritimi — Ligyes sequuntur et urbes Græcæ... — prima est Emporium, Rhode autem altera.

6me siècle avant J.-C. — Traité entre Rome et Carthage. — (Polybe, lib. 3, pag. 176 et suivantes.) Dès la première année de la République romaine, sous le consulat de Junius Brutus et de M. Horatius, il fut stipulé par un traité entre les Romains et les Carthaginois, « que les Romains et leurs alliés de Terracine, d'Ar-
» dée, d'Antium, de Circœi, etc., s'abstiendraient à l'avenir de
» naviguer au-delà du cap situé au-dessus de Carthage et sur-
» nommé le beau promontoire; que les Romains et leurs alliés ne
» pourraient faire aucune capture, ni le commerce, ni former des
» établissements au-delà des villes de Mastia et de Tarseium. »

Varron (cité par Pline). *In universam Hispaniam M. Varro pervenisse Iberos et Persas, et Phœnices Celtasque et Pœnos tradit.* (Pline, *Hist. naturel.*, t. III, v. 1.)

Pomponius Mela était espagnol; il nous a laissé sur son pays natal quelques courts renseignements qui méritent d'être lus attentivement. (Au commencement de notre ère.)

Strabon. (Le plus grand géographe de l'antiquité.) Il faudrait citer un trop grand nombre de Textes de ce géographe, et ses ouvrages sont généralement répandus, il suffit de citer le livre, le chapitre et la page.

Pline l'ancien, *Hist. nat.*, principalement lib. III et passim.

Diodore de Sicile doit être consulté avec précaution, parce que souvent il dit le pour et le contre, suivant l'auteur qu'il copie.

Enfin, les géographes moins connus, les historiens anciens qui ont raconté les grandes actions des anciens Espagnols, surtout Tite-Live, sans négliger les poètes, et principalement Martial, qui était né à Bilbilis, etc.

Je donne cette courte nomenclature pour le monde des demi-savants, qui n'ont jamais mis le nez dans les vieux livres, et qui sont toujours en extase devant le dernier venu, pourvu qu'il ait le verbe haut, le ton le plus inusité et partant le moins de science, ainsi que nous le prouverons bientôt, ou seulement une science d'emprunt.

De l'ensemble des textes que je viens de produire ou d'indiquer, il sera facile de prouver qu'il y avait en Espagne, dans les temps anciens, deux races d'hommes : 1° *Ethnos Iberón* ; 2° *Ethnos Celtón* ; et, il faudra prouver ensuite qu'ils ne parlaient pas la même langue. Ainsi, lorsque les Grecs arrivèrent à l'embouchure de l'Ebre, soit celui du nord, soit celui du sud, ils durent demander le nom de la rivière ; on leur répondit *Ibay*, c'était un nom générique qui s'appliquait à un cours d'eau, et il n'était pas toujours le même pour ces cours d'eau. Ainsi les Ibères qui habitaient à Sarragosse, appelée alors *Salduba*, l'appelaient *uba*, rivière. Les Grecs durent s'informer ensuite du nom de la peuplade qui habitait sur les rives de l'*Ibay*, on leur répondit *Ibaiar*, d'où ils firent *Iberos*, et ils donnèrent au pays le nom d'Ibérie, ce dont les indigènes ne se doutaient guère. De nos jours, quelque auteur basque a tiré du mot grec *Iberos*, le mot basque *Ibérotar*, Ibérien.

Plus tard, lorsque les Grecs purent franchir le détroit, en dépit des Carthaginois, et faire un voyage de circumnavigation autour des côtes occidentales de l'Europe jusqu'à Thulé, Philéas le Messaliote, qui, dit-on, le premier entreprit ce voyage, arrivé à l'embouchure du *Durius*, dut s'informer du nom de la rivière ; on dut lui répondre *Dour*, qui est un nom générique qui se retrouve dans la langue Erse et dans le Brezonek, et qui signifie simplement *rivière*. Si à ces mots *Ibay* et *Dour*, appartenant l'un à la langue basque, l'autre à une langue celtique, je peux en joindre, dans un mémoire spécial, plusieurs centaines d'autres qui s'expliquent aussi aisément, ce sera une preuve jointe aux textes des auteurs anciens qui l'affirment, qu'il y avait eu en Espagne deux peuples de races différentes, et qui ne parlaient pas la même langue.

Ces préliminaires posés, j'aborde le sujet qui fait l'objet de ma note.

§ II.

En 1838, Graslin, ancien consul de France à Santander, publia chez Leleux, son ouvrage *de l'Ibérie* ou *Essai critique de l'origine des premières populations de l'Espagne,* in-8°. Son but était de prouver, comme nous le verrons, que les Celtes ont été les premiers habitants de l'Espagne, et que les Vascons (Basques) n'ont jamais occupé que les lieux montueux qu'ils occupent actuellement. — En 1869, M. J.-F. Bladé, de Lectoure, a publié chez Franck, un ouvrage intitulé : *Études sur l'origine des Basques,* gr. in-8°; son but est le même que celui de l'ancien consul de Santander.

Nous allons examiner par quels moyens, quels textes anciens, quelles déductions, quelles inductions, etc., ces deux *savants* ont prouvé leurs propositions.

L'un et l'autre s'occupent d'abord des *Contes bleus* (Contes de la mère l'Oie) qu'on lit dans quelques auteurs grecs, et qui ne devraient jamais être admis dans les ouvrages sérieux.

1° Pan, Lusus, Bacchus etc.

Texte de Graslin, p. 32 et 33.	Texte de M. Bladé, p. 121 et 122.
C'est dans les fables et non dans l'histoire qu'il faut chercher les plus hautes antiquités de tous les peuples. Une ancienne tradition recueillie par Varron, et qui nous a été transmise par Pline, faisait dériver des noms de Pan, compagnon de Bacchus et de Lusus, son fils, les noms de *Spania* et de *Lusitania*; cette tradition suffirait pour établir l'antériorité du nom d'Hispanie sur celui d'Ibérie, puisque l'idée de cette fable n'a pu être suggérée aux Grecs que par le premier nom de l'Espagne. Il serait difficile de révoquer en doute cette ancienne	Varron avait recueilli sur l'Espagne diverses fables qui remontaient, disait-on, à une haute antiquité, et qui toutes ont une origine grecque. Cet écrivain, cité par Pline, nous apprend qu'une tradition fort ancienne faisait dériver les noms de *Spania* et *Lusitania,* des noms de Pan et de Lusus, compagnons de Bacchus. Nous trouvons la confirmation de cette légende, dans un fragment de Sosthène de Gnide, conservé dans le *Traité des Fleurs,* attribué à Plutarque, et où il est dit, qu'après la conquête de l'Espagne, Bacchus plaça ce pays sous

tradition, puisqu'elle est confirmée par l'historien Sosthène de Gnide, qui, suivant une citation du *Traité des Fleurs*, attribué à Plutarque, disait aussi que Bacchus, après avoir fait la conquête de l'Espagne, la laissa sous le commandement de Pan, qui lui fit prendre son nom.

le commandement de Pan qui lui donna son nom.

NOTA. — Il n'est pas fait mention de l'emprunt fait à l'ouvrage de Graslin.

2° — Du mot *Hispania*.

« Les anciens, dit Justin, leur interprète, donnèrent d'abord à
» l'Espagne le nom d'Ibérie, de celui du fleuve Ibérus ; ils la
» nommèrent ensuite Hispanie, du nom d'Hispanus : *hanc veteres*
» *ab Ibero amne primùm Iberiam ; posteà ab Hispano, Hispa-*
» *niam cognominaverunt.* »

Voici maintenant les explications de Graslin et de M. Bladé à ce sujet :

Texte de M. GRASLIN, page 55 à 58.

Que d'erreurs, que de contes absurdes Justin ne semble-t-il pas avoir accumulés dans ce peu de mots ! Si l'ouvrage de Trogue-Pompée n'avait pas obtenu l'estime de tous les écrivains qui ont pu le connaître, et, s'il était permis de juger avec précipitation un historien qui fait autorité, ne serait-on pas tenté de l'accuser d'avoir fabriqué les règnes de Gargoris, d'Habis et d'Hispanus qu'il place en Espagne, et qui, dans toute l'antiquité, n'ont été connus que de lui ! Mais une assertion si formelle, sous la plume d'un écrivain classique, mérite un examen d'autant plus sérieux qu'elle bouleverse toutes les antiquités de l'Espagne.

Quels sont les renseignements historiques ou même fabuleux, que Trogue-Pompée aurait pu

Texte de M. BLADÉ, page 121.

Que d'erreurs dans ces deux lignes de Justin ! Si l'histoire universelle de Trogue-Pompée, qui ne nous est point parvenue, n'avait pas été tenue par les anciens en sérieuse estime, il n'en faudrait pas davantage pour faire soupçonner son auteur d'avoir fabriqué les règnes de Gargoris, d'Habis et d'Hispanus, qu'il place en Espagne, et qui n'ont été signalés que par lui seul. Cette assertion, si elle était vraie, bouleverserait toutes nos connaissances sur les hautes antiquités de l'Espagne, et il y a lieu, par conséquent, de la discuter en détail. Quelles ont pu être les sources utilisées par Trogue-Pompée sur les temps historiques et même fabuleux de l'Ibérie Espagnole, et comment a-t-il pu se renseigner sur cet Hispanus, qui aurait dû nése procurer sur des Ibériens qu'il fait remonter jusqu'à des temps anciens, relativement à son Hispanus, quoique cet Hispanus dût exister avant les temps de la guerre de Troie?

Les Phéniciens sont évidemment les seuls peuples qui auraient pu recueillir quelques notions historiques sur les temps primitifs de l'Hispanie ; mais, s'ils sont parvenus à en obtenir, ils ne les ont communiquées ni aux Grecs, ni aux Romains, ni même aux Carthaginois, puisqu'il serait impossible de trouver, dans un ancien écrivain quelconque, grec ou latin, un seul fragment d'origine phénicienne, ou carthaginoise, sur les plus hautes antiquités historiques de l'Espagne. Les Phéniciens ont toujours enveloppé dans un mystère impénétrable, non-seulement leurs relations commerciales avec ce pays, mais encore le secret de leurs navigations sur ses côtes; nous savons même, par le témoignage de Strabon, que, lorsqu'ils craignaient d'être suivis, ils faisaient échouer leurs navires sur des plages éloignées, et que leurs pilotes recevaient du trésor public une récompense de ce dévouement national.

Pour se convaincre que ce secret fut toujours bien gardé, il suffit de se rappeler qu'Homère ne put obtenir de ces peuples aucun renseignement sur l'Hispanie, et qu'il ignorait jusqu'au nom de la fameuse Tartesse : cinq siècles plus tard, Hérodote ne fut pas beaucoup plus heureux qu'Homère puis-cessairement vivre avant la guerre de Troie? Les Phéniciens, à coup sûr, sont le seul peuple qui fut alors en état de recueillir des informations sur la plus ancienne histoire de la Péninsule. Rien ne prouve que leurs marins aient cherché à en obtenir, et, dans tous les cas, ils ne les ont point communiquées aux autres peuples, car nous ne trouvons, dans les écrivains grecs et latins, aucun fragment d'origine phénicienne, sur les hautes antiquités de l'Espagne. On sait, d'ailleurs, que les Phéniciens entouraient du plus grand mystère leurs expéditions commerciales, et qu'ils faisaient échouer volontairement leurs navires, quand ils voyaient que des vaisseaux étrangers les suivaient pour connaître le but de leur voyage.

Les Grecs avaient été si peu renseignés sur ce point par les Phéniciens, que les poèmes homériques ne contiennent aucun passage relatif à l'Ibérie espagnole, ni à la fameuse ville de Tartesse. Hérodote ne fut guère plus avancé. Il a entendu parler de Tartesse, mais il avoue lui-même n'avoir pu recueillir rien de positif sur les contrées situées à l'extrémité occidentale de l'Europe. Comment Trogue-Pompée aurait-il été plus heureux, et se serait-il procuré sur l'histoire de l'Espagne des renseignements antérieurs à l'époque de l'expédition des Argonautes?

L'époque reculée à laquelle Justin fait monter les noms d'Ibérie et d'Hispanie, suffit

2

qu'il ne put entendre parler que de Tartesse, et que, de son propre aveu, il n'avait rien pu savoir de positif sur les contrées situées à l'extrémité occidentale de l'Europe. Il serait donc impossible d'admettre que, par un privilége unique et inexplicable, Trogue-Pompée ait pu se procurer des renseignements sur les temps historiques de l'Hispanie, antérieurs à l'expédition des Argonautes.

même à prouver que cet épitomiste attribue à l'un et à l'autre une antiquité inacceptable. Je prends, en effet, l'engagement de démontrer, dans le présent chapitre, que les Grecs n'ont donné à l'Espagne le nom d'Ibérie qu'au commencement du cinquième siècle avant J.-C., et même que ce nom ne fut alors usité que pour désigner les côtes orientales et méridionales de la Péninsule.

J'ai pris au hasard ces deux exemples de discussion dans les deux auteurs, et on peut les vérifier. J'avoue cependant que, suivant le même système, ils doivent souvent se rencontrer, mais le dernier venu doit toujours mentionner les emprunts même plus ou moins déguisés qu'il fait à son devancier. M. Bladé cite quelquefois Graslin, mais dans les questions peu importantes ; quant aux autres, il se les attribue *in plano*, en transposant les textes à discuter, et en modifiant le style, tout en conservant les raisonnements de Graslin : entrons maintenant dans notre sujet.

CHAPITRE PREMIER de l'ouvrage de M. Bladé. — *Les Vascons et les Basques Transpyrénéens* : C'est une notice abrégée sur l'histoire du pays Basque depuis les temps anciens, jusqu'à sa réunion aux Royaumes de Léon et de Castille, sous Alphonse Ier.

CHAPITRE II. Suite du précédent, jusqu'à la réunion de la vicomté de Labourd au duché de Guyenne, au commencement du XIIIme siècle.

Ces deux chapitres ne sont d'aucun intérêt pour la question que M.Bladé se propose de résoudre. J'en excepte le § 3 sur les Origines Ibériennes, que nous rattacherons au chapitre III.

Graslin, dans son introduction, se contente de nous donner un abrégé sommaire de l'Histoire des anciens habitants de l'Espagne et un précis historique des grandes illustrations de cette contrée. Après avoir établi, à sa manière, les limites de nos connaissances sur les temps primitifs de l'Espagne, sur les erreurs les plus accréditées, il exprime la nécessité de faire table rase de tout ce qui a été écrit par les modernes; ce qui est très-judicieux, et ce que n'ont pas fait toujours ceux qui sont venus après lui. Il faut, dans toute question grande ou petite, ne jamais jurer *per verba magistri,* c'est-à-dire de ceux qui l'ont déjà traitée, réunir soi-même tous les documents qui se rattachent au sujet, les comparer, les analyser, et en tirer une solution, qui n'aura qu'une valeur secondaire si elle a été déjà trouvée, qui sera bonne ou mauvaise, mais qui aura toujours le mérite, quelque petit qu'il soit, de ne pouvoir être regardée comme un plagiat. En effet, en ne lisant qu'après avoir fait son travail les livres de ceux qui nous ont précédé, on peut se rencontrer avec eux, mais on est sûr qu'on ne les a pas copiés.

CHAPITRE III de l'ouvrage de M. Bladé. — *Les Ibères dans l'antiquité.* — CHAPITRE IV, *Les Celtibériens et les colonies Ibériennes.*

CHAPITRE I à IX de l'ouvrage de Graslin.

Nous entrons ici dans le fond de la question. Il s'agit de prouver que les Celtes, qui parlaient la langue celtique ont habité toute l'Espagne dans les temps anciens, et que ceux que nous appelons Ibères, c'est-à-dire qui parlaient l'*Escuara*, ont toujours été relégués dans les régions montueuses qui sont aujourd'hui leur demeure. Je ferai marcher de conserve dans mon appréciation Graslin et Bladé.

1° Je laisse de côté tout ce qui, dans les divers chapitres de ces auteurs, que j'ai mentionnés plus haut, se rapporte aux faits mythologiques, aux contes grecs sur lesquels Graslin s'est étendu, et sur lesquels son successeur s'est encore bien plus appesanti, parce que, pour un esprit sérieux, ils n'ont aucune valeur pour l'histoire. A quoi sert de disserter plus ou moins longuement sur les voyages de Pan et de Lusus en Espagne, sur l'arrivée d'Hercule dans cette contrée, sur ses combats avec Geryon, sur les rois Gargoris, Hispanus, Habis, sur la venue d'Ulysse, sur les côtes occidentales où il fonde la ville d'*Ulysippo*, etc., etc.? C'est pour moi de l'encre et du papier perdus, si on les emploie à discuter ces traditions hétéroclites.

2° *Hispania*. Origine de ce nom d'après nos deux auteurs.

J'ai donné, page 8, le sentiment de Graslin sur cette question, et j'ai mis en regard l'opinion de M. Bladé; j'y renvoie le lecteur.

Pour moi, voici quel a toujours été mon sentiment sur l'origine de ce nom. On sait par Polybe, qu'après l'expulsion des Tarquins, sous le premier consulat, un traité fut conclu entre les Carthaginois et les Romains, qui comprirent dans ce traité les Ardiates, les Circéens et les autres alliés de Rome. Déjà, sous Servius Tullius, Circei avait une marine puissante, et du moment qu'on interdit dans le traité que les Romains et leurs alliés ne pourraient point naviguer au-delà de Tarscium et de Mastia (situées près des colonnes d'Hercule), ni y faire le commerce, ni y fonder des établissements, il est évident que, depuis un assez grand laps de temps, les Circéens et les Ardéates devaient faire le commerce et avoir des établissements sur la côte de l'Hispanie ; mais auprès d'eux, dans le voisinage de Rome, étaient les Étrusques, nation bien autrement célèbre par son commerce et sa puissance. L'Histoire ne nous a transmis que quelques renseignements vagues sur ce peuple à l'époque dont il s'agit ; mais par cela même que les Circéens faisaient le commerce en Espagne, nous ne pouvons douter que les Étrusques qui, pendant une assez longue période de temps, avaient dominé sur presque toute la péninsule italique, n'aient eu des établissements et même fondé des colonies sur les côtes de cette contrée, et les murs Pelasgiques de Tarragone en fourniraient seuls une preuve ; redoutés comme pirates, ils eurent souvent à lutter contre les Phéniciens et ensuite contre les Carthaginois, et ils durent apprendre des premiers le nom d'Hispania qu'avaient donné les Phéniciens à la péninsule la plus occidentale de l'Europe, et par les Étrusques cette appellation se transmit aux autres peuples italiotes.

5° Que les Celtes et les Ibères, dans l'opinion de Graslin, et par conséquent de M. Bladé, sont le même peuple, que la première appellation s'applique à un peuple connu, et que la seconde, exprimant la même idée, a été imaginée par les Grecs.

Scylax, dans son Voyage autour de la terre, dit qu'en partant des colonnes d'Hercule, on rencontre d'abord les Ibères, nation de l'Ibérie, et le fleuve Ibérus.... (il y a ici une omission dans le texte) et ensuite Emporium, colonie des Massaliotes.

Opinion de Graslin,
page 107 et suivantes.

Toute la géographie que Scylax nous donne de l'ancienne Hispanie étant renfermée dans les noms du fleuve Ibère, des îles de Gadès, et de la ville d'Emporium, il est évident qu'il n'y avait connu que ces quatre points géographiques; or, il n'avait pu trouver dans les îles de Gadès, et auprès des colonnes d'Hercule, que les Phéniciens qui s'y étaient établis depuis plus de neuf siècles, il n'avait vu, de son propre aveu, que des Grecs asiatiques à Emporium. Il est donc de toute impossibilité qu'il ait pu voir de prétendus peuples Ibères sur tout autre point de l'Hispanie que vers l'embouchure du fleuve Ibère.

Nous allons reconnaître qu'il doit nécessairement résulter de ce premier aperçu qu'il a cru que des peuples qui n'étaient ni Phéniciens, ni Grecs, et dont l'origine lui était inconnue, ne pouvaient être que les indigènes du pays, et qu'il devait leur donner le nom d'Ibères, parce qu'ils habitaient sur les bords d'un fleuve qui portait ce nom d'Ibère, comme les Grecs avaient déjà donné le nom d'Egyptiens aux habitants d'un vaste pays dans lequel Homère avait placé un fleuve Egyptus.

Cependant, et cette remarque est très-importante, Scylax n'avait pas pu voir des peuples nommés Ibères sur le seul point géographique de l'Hispanie où il n'eut pas trouvé des Phéniciens ou des Grecs. Suivant Strabon, il n'avait pu voir, à l'embouchure

Opinion de M. Bladé,
page 123 et suivantes.

Voilà toute la géographie du Périple de Scylax sur l'Espagne, et puisqu'il n'y est question que du fleuve des Ibères, des colonnes d'Hercule, des îles de Gadès et de la ville d'Emporium, tout porte à croire que celui qui a fourni les renseignements n'a visité que ces quatre points. Or, ce voyageur a lui-même constaté qu'Emporium était une colonie massaliote, et il est certain que les Phéniciens étaient déjà établis depuis plusieurs siècles à Gadès et auprès des colonnes d'Hercule. Donc, l'auteur du Périple n'aurait pu voir les prétendus peuples Ibères qu'à l'embouchure du fleuve Ibérus. Mais les écrits des géographes postérieurs au second Scylax nous permettent de nous faire une idée assez exacte de l'embouchure de l'Ibérus, et des contrées avoisinantes. Strabon signale à l'embouchure et aux environs les ville de Dertosa, Cherronesus, Oléatrum et Cartalias. Ptolémée nomme les Hercaones, le promontoire de Tenebrium, et le port de Tenebris, et Festus Aviénus le Lacus Nacararum, contigu à l'embouchure de l'Ibérus, et une petite île près de laquelle se trouvaient jadis les villes d'Hylactes, Istra, Sarna, et Tyrchæ, car elles n'existaient plus de son temps.

Dans cette toponymie, rien ne prouve que le pays fut habité par de prétendus Ibères. Tout porte à croire que l'auteur du Périple trouvant là des gens qui n'étaient ni Phéniciens, ni de l'Ibérus, que la ville Dertosa, située sur l'Ibérus même, et vers l'embouchure de ce fleuve, que les villes Cheronesus, Oleatrum et Cartalias. Suivant Ptolémée, il n'avait pu y voir que les Ilercaones, que le promontoire Tenebrium et le port Tenebris. Suivant Rufus, Festus Avienus n'avait pu y voir que le Lacus Nacararorum, ou Naccararum, qui touchait à l'embouchure de l'Ibérus, et qu'une petite île auprès de laquelle avaient été situées les villes Hylactes, Hystra, Sarna et Tyrichæ qui n'existaient plus de son temps. Or, ni ces noms de villes, ni ces noms de lieux, n'autorisent à supposer qu'ils fussent habités par de prétendus Ibères, etc.

Grecs, crut avoir affaire à des indigènes, et que, suivant l'usage des Grecs, il leur donna le nom d'Ibères, parce qu'ils étaient établis sur les bords de l'Ibérus. Cette extrême probabilité se convertit en certitude, si l'on observe que ce navigateur, arrivé dans les Gaules, aux fleuves Il-beris et Ruscino, se trouvant en présence d'un autre fleuve Ibéris et de peuples incontestablement celtiques, d'après le témoignage de Polybe, de Diodore et de Strabon, leur donne encore le nom d'Ibères. De plus, la toponymie ancienne des contrées voisines de l'Ibérus indique qu'elles étaient occupées par un peuple de souche celtique, comme ceux qui étaient établis sur les bords de l'Ibéris et du Ruscino. J'ajoute qu'il n'est pas possible d'équivoquer à propos des Celtibères, dont l'origine celtique sera d'ailleurs démontrée, et de supposer qu'ils ont été visités par l'auteur du Périple, car ils étaient établis dans l'intérieur du pays, et non sur le littoral.

Celtibères. — Diodore, dans le cinquième livre de son histoire, raconte que les Celtes et les Ibères se firent longtemps la guerre au sujet de leurs habitations; mais que ces peuples s'étant enfin accordés, habitèrent en commun le même pays, et que s'alliant les uns aux autres par des mariages, ils prirent le nom de Celtes et d'Ibères.

Je vais donner les motifs qui ont engagé Graslin et M. Bladé à repousser ce sentiment de l'écrivain grec. 1° L'état de barbarie dans lequel étaient les Espagnols à l'époque où les Romains portèrent leurs armes dans cette contrée. Suivant Strabon, les peuples de l'Hispanie ressemblaient à des bêtes féroces, autant par leur barbarie et la férocité de leurs mœurs que par leur intrépidité, et avant d'avoir été civilisés par les Romains, ils étaient les plus barbares de tous. Polybe, avant Strabon, avait dit la même chose. Nos deux auteurs ont conclu que la tradition de Diodore est dépourvue de tous les caractères d'authenticité et que les Celtes et les Ibères étaient le même peuple. Ils avouent que la tradition de Diodore avait été répétée par Silius Italicus, par Martial, par Lucain et même par Appien. Martial, il est vrai, était de Bilbilis ; après avoir longtemps séjourné à Rome, il était revenu dans sa patrie, et quoique dans une de ses petites pièces de vers, il dise, en parlant des habitants de son pays : *Celtis Iberisque genitos*, quoiqu'on trouve aussi la même opinion dans Silius Italicus et Lucain, nos deux auteurs admettent l'origine uniquement celtique des Celtibériens. Ils invoquent l'autorité de Pline l'ancien qui reconnait que les Celtes du promontoire Nérium étaient de la même famille que ceux des bords de l'Anas ; 2° Sur l'autorité bien plus importante de Pomponius-Mela qui était Espagnol et qui admet que la côte occidentale de l'Espagne, depuis l'embouchure du Tage jusqu'au cap Artabrum, était habité par les Celtes. Graslin et M. Bladé ont oublié sans doute que les Celtibères occupaient l'intérieur de l'Espagne, au dire de tous les géographes et de tous les historiens anciens. Or, les Celtes du promontoire Nérium et ceux qui habitaient depuis l'embouchure du Tage jusqu'au cap Artabre, étaient loin de l'intérieur de l'Espagne, puisqu'ils habitaient les côtes occidentales de la contrée. Leur argumentation à ce sujet est donc nulle. J'admets sans difficulté, et je le prouverai en temps et lieu, que toutes ces peuplades qui habitaient sur les côtes parlaient des dialectes de la langue celtique ; mais j'admets aussi, et les preuves par la linguistique ne me feront pas défaut, lorsqu'on récuse le sentiment de Martial, de Silius Staticus et de Lucain, pour prouver que les Celtibériens se composaient de deux races, l'une parlant le celtique, l'autre l'escuara, et que les premiers, favorisés par les Romains, finirent par dominer. M. Bladé, venu après Graslin, a admis sa manière de voir ; j'avoue qu'en admettant le système de l'ancien consul de Santander, il ne pouvait faire autrement. Seulement, il aurait dû chercher quelques raisons plus valables que celles de son devancier.

— 16 —

J'ai hâte de conclure.

Ainsi, d'après nos deux *savants*, le texte de Diodore est contraire à la vérité ; 2° Le nom d'Ibère est un surnom tiré du fleuve Ibérus ; 3° L'Espagne était occupée par plus de cinq cents peuplades, ayant chacune son nom particulier, et pas une n'est connue sous le nom d'Ibères. Les Ibères sont donc d'origine celtique puisqu'ils ne formaient pas un peuple distinct, et la logique tout aussi bien que le défaut de témoignages historiques ne permettent pas de présenter comme des Ibères les anciens Vascons, dont les Basques sont les héritiers plus ou moins directs.

L'on dit que, parmi les auteurs anciens, nul ne constate dans ce pays l'existence d'un peuple particulier du nom d'Ibères. — Mais Hécatée distingue expressément les Celtes des Ibères. Prenez les *Fragmenta historicorum* qu'a publié Didot, vous y lirez, tome Ier, à Hécatée, *Narbo urbs celtike*, Narbonne ville celtique, du pays des Celtes, et *Iliturgis ethnos Iberôn*, Iliturgis, race des Ibères. — On a beau tordre le sens de ce vers de Martial, *Iberis Celtisque genitos*, il constate la différence que mettait cet auteur, qui était de Bilbilis, entre les Ibères et les Celtes. — On récuse le texte de Diodore parce qu'il est contraire au système qu'on a adopté, je l'accorde ; mais alors il y a un moyen bien simple de vider la question. Qu'on prenne tous les noms de lieux de l'Hispanie qu'Humboldt a expliqués par la langue basque, qu'on tâche de les expliquer par la langue celtique, et la question sera résolue. Elle l'est pour moi depuis longtemps ; j'ai dû admettre deux langues différentes, le Basque et le Celtique, et par conséquent, deux peuples différents. Ce que je prouverai dans ma Géographie de l'Hispanie et de la Gaule méridionale.

Somme toute, le lecteur doit être maintenant convaincu que nos deux savants auteurs ont prouvé qu'ils n'ont rien prouvé.

Pour moi, je pense que la partie du livre comprise entre le § 3 du chapitre II, et la seconde partie devrait être intitulée : Étude sur l'origine des Ibères par M. Graslin, mise en ordre, revue, et augmentée par M. Bladé.

Seconde partie. — CHAPITRE Ier. *Les Basques d'après l'antro-*

pologie. — Ce sont des extraits de Mémoires de divers auteurs qui n'ont point de rapport direct avec le sujet.

CHAPITRE II. *Les Basques d'après la Philologie.* — Strabon dit que les anciens habitants de l'Espagne parlaient différentes langues, et avaient une grammaire différente. M. Bladé ne veut pas que les Ibères aient parlé la langue basque, contrairement au sentiment de Humboldt, mais il ne le prouve pas.

CHAPITRE III. *Philologie comparée.*

CHAPITRE IV. *Les Basques d'après la Toponomie et la Numismatique.* — M. Bladé attaque les études de Humboldt sur l'idiome Euskarien, et les déclare insuffisants. Ce qu'il faudrait prouver par un système contraire, et ce qu'il ne fait pas.

CHAPITRE V. *Numismatique ibérienne.* — Puisque les Études de Humboldt sur l'idiome Euskarien sont insuffisantes, à plus forte raison les miennes, sur la Numismatique, doivent l'être. Mais M. Bladé se garde bien de nous dire quelle est la méthode qu'on doit suivre pour l'explication des monnaies Ibériennes. Il est fâcheux que son maître Graslin ne se soit occupé de la question qu'en ce qui concernait Erro; M. Bladé nous aurait peut-être indiqué une voie nouvelle. Depuis la publication de ma Numismatique, bien des documents nouveaux m'ont été adressés, la langue Basque a été l'objet de nombreuses publications, et il est plus facile de voir clair dans la question. J'aurai sans doute des changements, des corrections à faire; mais la méthode ne changera point, et le monde savant jugera qui aura raison de M. Bladé ou de l'auteur de la Numismatique.

— Le dernier chapitre est étranger à la question qui fait l'objet du livre.

Béziers, le 10 Février 1870.

BOUDARD,
Correspondant de l'Académie des Inscriptions et Belles-Lettres de Toulouse.

Béziers, Imprimerie A. GRANIÉ, rue du Chapeau-Rouge, 3.

www.ingramcontent.com/pod-product-compliance
Lightning Source LLC
Chambersburg PA
CBHW060859050426
42453CB00011B/2039